EMPUJAR y JALAR

por Robin Nelson

Mi primer paso al mundo real

ediciones Lerner · Minneapolis

Empujar es usar una **fuerza**.

Jalar es usar una fuerza.

Podemos **mover** algo empujándolo.

Podemos mover algo
jalándolo.

Podemos cambiar el movimiento de algo jalándolo.

Podemos cambiar el movimiento
de algo empujándolo.

Podemos hacer que algo
comience a moverse empujándolo.

Podemos evitar que algo se mueva empujándolo.

Podemos hacer que algo
comience a moverse jalándolo.

Podemos evitar que algo se mueva jalándolo.

Puedes jalar de una **cometa**.

Puedes empujar un columpio.

Puedes jalar de un trineo.

Puedes empujar un
tren de juguete.

¿Qué puedes empujar?

¿Qué puedes jalar?

polea

cuerda

Una polea

Las máquinas hacen que las acciones de empujar y jalar sean más fáciles. Una máquina que nos ayuda a jalar se llama polea. Una polea es una rueda con una cuerda alrededor. La rueda gira cuando tiras de la cuerda. Las astas tienen poleas para izar la bandera. ¿Puedes encontrar otras poleas?

Datos sobre empujar y jalar

 La gravedad es una fuerza que jala las cosas hacia la Tierra.

 Los imanes jalan algunos objetos hacia ellos, o los atraen. Los imanes empujan otros objetos lejos de ellos, o los repelen.

 Las carreras de trineos jalados por perros son un deporte en Alaska y otras partes frías del mundo. Los perros jalan del trineo, que se desliza sobre el hielo y la nieve. El conductor maneja a los perros.

Una vez un hombre jaló y arrastró un gran avión casi 300 pies (91 metros).

 Las lagartijas son un ejercicio. Te recuestas sobre el piso boca abajo y empujas tu cuerpo hacia arriba con los brazos.

 La mayor cantidad de lagartijas que alguien ha hecho en una hora es 3,416.

 Las alas empujan a las aves hacia el cielo.

Glosario

 cometa: un armazón cubierto que se sujeta a un cordel y se suelta en el aire para que el viento lo eleve

 empujar: mover algo alejándolo de ti

 fuerza: lo que usas cuando jalas o empujas

 jalar: mover algo hacia ti

 mover: llevar de un lugar a otro

Índice

La edición en español fue realizada por un equipo de traductores hablantes nativos del español de translations.com, empresa mundial dedicada a la traducción.

Las fotografías presentes en este libro se reproducen por cortesía de: Brand X Pictures, portada, pág. 13; © Norbert Schaefer/CORBIS, págs. 2, 22 (segunda desde arriba y centro); Photodisc Royalty Free by Getty Images, págs. 3, 22 (segunda desde abajo); © Anton Vengo/SuperStock, págs. 4, 22 (inferior); © Bruce Burkhardt/CORBIS, pág. 5; © Todd Strand/Independent Picture Service, págs. 6, 9, 15; © Diane Meyer, pág. 7; Stockbyte Royalty Free, pág. 8; © Lisette Le Bon/SuperStock, pág. 10; Comstock Royalty-Free, pág. 11; © Tim Kiusalaas/CORBIS, págs.12, 22 (superior); Corbis Royalty Free, pág. 14;© Tom & Dee Ann McCarthy/CORBIS, pág. 16; © Ariel Skelley/CORBIS, pág. 17. Ilustración de la pág. 18 de Laura Westlund/Independent Picture Service.

ediciones Lerner
Una división de Lerner Publishing Group, Inc.
241 First Avenue North
Minneapolis, MN 55401 EUA

Dirección de Internet: www.lernerbooks.com

Library of Congress Cataloging-in-Publication Data

Nelson, Robin, 1971–
    [Push and pull. Spanish]
    Empujar y jalar / por Robin Nelson.
       p.   cm. — (Mi primer paso al mundo real. Fuerzas y movimiento)
    Includes index.
    ISBN 978–0–8225–7810–9 (lib. bdg. : alk. paper)
    1. Force and energy—Juvenile literature. I. Title.
QC73.4.N4518 2008
531'.6—dc22   2007000725

Fabricado en los Estados Unidos de América
1 2 3 4 5 6 — DP — 13 12 11 10 09 08